Meditando
com Brian Weiss

Meditando com BRIAN WEISS

SEXTANTE

Título original: *Meditating with Brian Weiss*

Copyright © 1998 por Brian Weiss

Todos os direitos reservados. Nenhuma parte deste livro pode ser utilizada ou reproduzida sob quaisquer meios existentes sem autorização por escrito dos editores.

tradução: Luiz Antonio Aguiar
revisão: Hermínia Totti e Sérgio Bellinello Soares
projeto gráfico e diagramação: Valéria Teixeira
locução do CD: Marcio Seixas
capa: Raul Fernandes
impressão e acabamento: Cromosete Gráfica e Editora Ltda.

CIP-BRASIL. CATALOGAÇÃO NA PUBLICAÇÃO
SINDICATO NACIONAL DOS EDITORES DE LIVROS, RJ

W456m	Weiss, Brian L. (Brian Leslie), 1944
	Meditando com Brian Weiss/Brian Weiss; tradução de Luiz Antonio Aguiar; Rio de Janeiro: Sextante, 2016.
	80 p.; 14 x 21 cm.
	Tradução de: Meditating with Brian Weiss
	Acompanhado de CD
	ISBN 978-85-431-0321-1
	1. Meditação. 2. Espiritualidade. I. Título.
	CDD 299.93
15-28656	CDU 299.9

Todos os direitos reservados, no Brasil, por
GMT Editores Ltda.
Rua Voluntários da Pátria, 45 – Gr. 1.404 – Botafogo
22270-000 – Rio de Janeiro – RJ
Tel.: (21) 2538-4100 – Fax: (21) 2286-9244
E-mail: atendimento@sextante.com.br
www.sextante.com.br

Sumário

capítulo um	Concentrando nosso foco no Eu Superior	7
capítulo dois	A felicidade está no presente	17
capítulo três	Direcionando nossa luz interior	29
capítulo quatro	Uma porta para a dimensão eterna	35
capítulo cinco	Uma imensidão à nossa espera	45
capítulo seis	Uma palavra final	49
meditações		53

Capítulo Um

CONCENTRANDO NOSSO FOCO NO EU SUPERIOR

Muitas pessoas no Brasil já conhecem meu trabalho em terapia de regressão a vidas passadas. Neste livro, vou tratar de outro tema que, para mim, é tão importante quanto o da regressão pelos benefícios que pode trazer às pessoas.

Em *Muitas vidas, muitos mestres,* contei a história de Catherine. Tratar dessa paciente mudou minha vida. Fui formado nas melhores universidades americanas, dentro de linhas psicanalíticas tradicionais. A partir de minha experiência com Catherine, saí em busca de alternativas terapêuticas que auxiliassem meus pacientes. Por conta dessa busca, hoje recomendo, com especial entusiasmo, a prática da meditação.

Conheci Catherine em 1980. Ela chegou ao meu consultório acometida de um quadro crônico que combinava ansiedade, fobias, crises de pânico e dificuldades de relacionamento. Por dezoito meses, tratei-a pelos procedimentos habituais da psicoterapia. Como ela apresentava apenas modestas melhoras, decidi recorrer à hipnose. Coloquei-a em transe e, em dado momento, pedi-lhe que voltasse "ao tempo em que seus sintomas começaram a se manifestar". Para meu espanto, isso a transportou a uma existência passada há quatro mil anos e a várias outras vidas, nas quais ocorreram os traumas que deram origem a seus problemas. Ao recordá-los e vivenciá-los, ficou curada.

Além de suas lembranças, Catherine trouxe diversas mensagens dos Mestres – espíritos elevadíssimos cuja sabedoria e capacidade de amar ajudam a desenvolver a espiritualidade da espécie humana. Essas mensagens me tocaram intensamente, transformaram minha visão do mundo, a maneira como entendia meu trabalho, a relação com meus pacientes... enfim, mudaram tudo.

Hoje, acredito que não somos somente humanos, nem mesmo seres humanos que desfrutam de experiências espirituais, e sim seres espirituais que têm experiências humanas. Possuímos diversas dimensões que podemos vivenciar e das quais podemos usufruir.

Temos em nosso espírito possibilidades que vão além do tempo e das limitações físicas. E há muitas formas de entrar em contato com o Eu Superior que abrigamos. Trata-se de um caminho no qual quanto mais avançamos, mais nos tornamos capazes de alcançar graus cada vez mais altos de espiritualidade.

Assim como a hipnose e outras técnicas que utilizo na terapia de regressão, a meditação desenvolve uma progressiva capacidade de concentração e focalização, abrindo as portas do subconsciente. As lembranças de nossas vidas passadas e de nossas estadas na dimensão espiritual entre uma e outra encarnação encontram-se armazenadas no subconsciente. Ele é o plano mais criativo e clarividente da mente, e é de lá que trazemos recursos espirituais, psíquicos e intelectuais úteis para o dia a dia.

Mais do que isso, através da meditação vivenciamos uma beleza interior que nos faz repensar em tudo o que nos rodeia e em nós mesmos. Que nos faz confiar na capacidade – que de fato possuímos – de utilizar e direcionar nossas energias para a purificação do corpo e da mente, e para a descoberta e o desenvolvimento da espiritualidade.

Tudo começa fechando os olhos, relaxando os músculos, observando a respiração. Aos poucos, a pessoa vai pedindo à sua mente que afaste o ruído de vozes que normalmente a atordoam, nem que seja uma de cada vez. Uma coisa de cada vez, um problema de cada vez. É como se convidássemos cada dificuldade a nos permitir um momento a sós com nós mesmos. Um momento todo nosso, todo seu! Um momento de graça, de luz, de elevação.

Você deve vivenciar intensamente esse momento, com desprendimento e entrega, pois ele é precioso e único.

Apesar de alguns acharem que a única função de um psiquiatra é revirar o passado das pessoas, entendo a terapia – em todas as suas formas – como uma maneira de tratar os problemas no presente. É no presente que a felicidade se encontra. Só que a mente humana é um mistério maravilhoso, capaz de nos levar tanto ao céu quanto ao inferno criado por nós.

Vivenciamos traumas – principalmente quando crianças – tão devastadores, que seus efeitos ficam gravados na mente e na alma por muitas existências. Talvez um determinado fato seja doloroso demais para ficar na memória. No entanto, empurrados para o subconsciente, seus efeitos – as reações físicas e emocionais desencadeadas – permanecem.

Em termos simples, o que fazemos na terapia é levar

a pessoa a recordar a origem de suas reações – seus reflexos físicos, seus medos, sua raiva, sua dor. Ao localizar o momento traumático, a pessoa tende a se livrar dos sintomas, percebendo que se trata de algo que já passou, que não a ameaça mais.

No entanto, tenho constatado que nem todos precisam da terapia de regressão. Nem todas as pessoas possuem feridas mal cicatrizadas ou dores submersas em suas vidas passadas que necessitam trazer à tona. Existem outros caminhos para atingirmos tanto a paz interior quanto o equilíbrio e o desenvolvimento da espiritualidade, e a meditação tem um lugar privilegiado entre esses caminhos.

O mundo de hoje invade nosso cotidiano e até mesmo nossos momentos de descanso e prazer com pressões e demandas que se acumulam, tumultuando nossa mente. Torna-se cada vez mais difícil olharmos para dentro de nós mesmos, tentando iluminar nosso íntimo e visualizar a causa de nossas angústias. Sob ameaça, o organismo e a consciência ficam sob estado de alerta, acelerando o metabolismo e ativando toda uma sequência de reações físicas e emocionais. O medo – uma doença da atualidade – é também um alarme, disparando a necessidade de a pessoa se mobilizar e se proteger.

A prática da meditação nos ajuda a limpar a mente. Por um período determinado, nos desembaraça de tensões, de pensamentos intrusos e do que retemos na consciência sob a forma de ecos e de fragmentos inquietantes, oriundos do mundo exterior. Em certo sentido, torna a mente mais sensível ao que é, de fato, essencial. E seus efeitos se prolongam para além do estado meditativo.

Tenho observado que a meditação amplia a capacidade de lembrança dos pacientes que estão se submetendo à terapia de regressão. Eu mesmo, em estados de meditação profunda, experimentei visões de vidas passadas, além de prodigiosos insights que me ajudaram a resolver problemas presentes. Também notei que, após receberem alta, os pacientes que praticam a meditação consolidam com mais facilidade as melhorias geradas pela terapia de regressão. Por isso, dou a todos os meus pacientes uma gravação orientando-os em uma sessão de meditação, a mesma que se encontra no CD que acompanha este livro.

É importante notar que a meditação em si – sem estar associada a terapia alguma – traz muitos benefícios. Quanto mais profundamente nossa prática de meditação nos leva, mais nos distanciamos do plano das aparências e das tensões, da importância que damos às frustrações, aos rancores e ressentimentos, e mais nos envolvemos com esse Eu Superior e sua capacidade de amar. Por consequência, ao compreender que essa visão da vida e do mundo – e esse amor – está dentro de nós, ao descobrir que possuímos esse dom tão precioso, repleto de beleza, nos sentimos seres dignos de ser amados e de alcançar a felicidade. Somos, sim, seres luminosos e iluminados.

A espiritualidade que cura e traz o equilíbrio é essa capacidade de amar e de nos sentirmos amados. É o que nos devolve ao mundo munidos de habilidades impressionantes. Menos sujeito a inibições e constrangimentos, o subconsciente é uma matriz de criatividade e de respostas intuitivas. Criatividade e intuição, duas fontes de realização que, habitualmente, subestimamos ou até mesmo reprimimos. O contato e, a médio prazo, a intimidade com o subconsciente nos tornam capazes de confiar na contribuição única e original que temos a oferecer ao mundo, e nos pressentimentos e sensações de que somos acometidos.

Condicionados a respostas padronizadas, nós nos deixamos enredar pelos problemas e dificuldades. Às vezes tudo parece virar um beco sem saída. Entretanto, pode ser apenas questão de se reservar vinte minutos, uma vez por dia. De sentar-se confortavelmente... Ou, se preferir, ficar deitado. Experimente: feche os olhos, esteja bem à vontade. Comece a controlar sua respiração, a notar seus pontos de tensão. Transmita ao seu corpo uma mensagem: "Está tudo bem, tudo em paz, pode ficar tranquilo!" Peça a cada músculo que ceda, que relaxe. Afaste os pensamentos dispersos, um a um. Nada capaz de prejudicá-lo vai aflorar à sua mente. Concentre-se em uma palavra, uma imagem, um som – ou simplesmente esvazie a mente. De repente, pode surgir dentro de você um flash brilhante, uma solução simples, viável, até então nem sequer imaginada. Ou uma situação aflitiva que se esclarece, subitamente, como se alguém fizesse a ideia aparecer dentro de você – o que chamamos de insight. Essa é a maneira de despertar para a realidade mais profunda.

Em determinado período da minha vida, eu estava tendo dificuldades de relacionamento com meu filho, que atravessava um momento conturbado de sua adolescência. Parecia que os canais de diálogo entre nós haviam se rompido e que estávamos condenados, dali em diante, a coabitar em silêncio, evitando o contato visual. Ou melhor, esse era o meu medo, uma sensação que ameaçava tomar conta de mim. Foi quando, em meio a uma sessão de meditação, uma voz explodiu em meu cérebro: "Apenas ame-o!"

Fiquei atônito, mas sabia perfeitamente do que a voz estava falando.

No dia seguinte, precisava deixar meu filho no colégio. Fui dirigindo até lá e, na hora em que ele ia saltar, seguindo um impulso, falei: "Filho, eu te amo!"

Ele me respondeu: "Eu também te amo, pai!"

E esse foi um belo recomeço para nós dois.

A meditação também pode lhe oferecer esse recomeço. Neste livro, aproveito minha experiência terapêutica para lhe falar sobre os benefícios que essa prática pode trazer em, pelo menos, três áreas: na superação de conflitos pessoais e de relacionamento, na cura de certas enfermidades e na iniciação e desenvolvimento espiritual.

A meditação exige prática e paciência. Mas o próprio ato de meditar gera cada vez mais paciência. Afinal, o que importa é que você está indo ao encontro da parte mais bonita, acolhedora e produtiva de você mesmo: a sua porção feita de luz.

Capítulo Dois

A FELICIDADE ESTÁ NO PRESENTE

A meditação para a superação de conflitos

Um dia, uma paciente, que vinha se tratando há algum tempo, entrou no meu consultório com o rosto iluminado:

– Acabei de descobrir uma árvore maravilhosa bem em frente à minha casa! O tronco é vigoroso, a copa é frondosa e as folhas têm os mais lindos tons de verde!

– Mas como é isso? A árvore apareceu de repente? – perguntei, espantado.

E ela me respondeu, sorrindo:

– Não, ela sempre esteve lá, mas eu nunca reparei. Saía e entrava em casa correndo, preocupada com as crianças, com as tarefas domésticas ou com o que me aguardava no trabalho.

O tratamento e a prática da meditação abriram os olhos dela para ver e usufruir a beleza que estava todos os dias ao seu alcance.

O que aconteceu com esta e com muitos outros pacientes me ensinou uma coisa fundamental: o passado serve para aprendermos com ele; o futuro é objeto de planejamento. É no presente que vivemos. É aqui e agora que podemos interferir no mundo à nossa volta e em nós mesmos, que podemos produzir e provocar mudanças. Nosso desenvolvimento espiritual está, por definição, situado no presente. O fundamento de nossa alegria é sempre o momento atual.

Um dos benefícios da prática da meditação é aumentar a capacidade de concentração da pessoa. Remoer o passado ou colecionar temores sobre o futuro são desperdícios de energia mental, emocional e espiritual. Quando conseguimos concentrar nosso foco de pensamento e de vontade transformadora no presente, os resultados são positivos.

É como naquela reunião de trabalho em que, apavoradas com a quantidade de tarefas impostas por algum projeto em curso e com o prazo apertado para realizá-las, as pessoas, atabalhoadamente, só apresentam mais e mais problemas, mais e mais coisas que precisam ser feitas. Isso sem contar as pessimistas, que desenham os cenários mais assustadores: "Não vai dar! Vamos enlouquecer! Tudo está perdido!" Até que uma voz lúcida anuncia: "Muito bem, precisamos dar conta de tudo isso. Mas o que deve ser feito primeiro, antes de todas as outras coisas? E de que maneira temos condições de fazê-lo? Vamos começar por aí. Quanto ao resto..." Daí para a frente, a discussão tende a se tornar mais produtiva.

Vou contar uma história que também ilustra o que estou dizendo.

Tive certa vez um paciente chamado Armando. Era um profissional muito bem-sucedido e, sem dúvida, seu maior problema era um alto nível de ansiedade e de tensão. Entre essas ansiedades, Armando nutria em especial o desejo de ter lembranças de suas vidas passadas, fosse como fosse. Em nossa segunda sessão, eu o hipnotizei. Armando teve uma bela visão com cores, destacando-se o lilás, que carrega toda uma simbologia mística e sagrada. Mas nenhuma lembrança de vidas passadas.

Eu lhe dei uma gravação com um exercício de relaxamento orientado por minha voz. Em casa, sua mulher, ao fazer o exercício, teve lembranças de vidas passadas, mas Armando não! Ao ouvir a fita e entrar em transe, surgiu-lhe de novo a luz lilás e, de dentro dela, saiu um anjo chamado Michael, de aspecto jovem e descontraído, quase como um adolescente desses que encontramos num shopping – para falar a verdade, muito pouco parecido com a imagem que Armando guardava do que fosse um anjo.

Armando e Michael tiveram ótimas conversas. Ele lhe deu conselhos sobre sua vida pessoal e profissional. A partir de sugestões de Michael, Armando realizou alguns negócios lucrativos. E, no entanto, Armando continuava aparentando muita insatisfação quando comparecia ao meu consultório. Resolvi questioná-lo:

– Você se encontra regularmente com um anjo, ele conversa com você, lhe dá conselhos, faz até você ganhar dinheiro... O que está lhe incomodando, afinal?

– Ora... mas eu queria lembrar das minhas vidas passadas!

Armando era um caso típico de alguém que, preso ao que gostaria que fosse, tornava-se incapaz de dar valor ao que de fato tinha, mesmo no caso de um presente maravilhoso como o que recebera. Aliás, foi exatamente isto que Michael lhe disse quando Armando perguntou por que não tinha lembranças de vidas passadas:

– Quando aprender a prestar mais atenção no presente, pode até ser que eu o deixe ter umas lembranças do passado...

O presente é o campo do aprendizado e, repito, da felicidade. No entanto, muitos de nós vivem tensos, entre pensamentos nebulosos sobre o passado e o futuro, que nos impedem de ver e viver o presente. São remorsos, ressentimentos, rancores e frustrações que trazemos dos dias que se foram. São as apreensões, nossa capacidade de imaginar logo a pior hipótese, ou pelo menos uma série de hipóteses desfavoráveis, por puro medo do que está por vir. E é no presente que pagamos nossas dívidas, que nos distanciamos – por força da satisfação que conquistamos e graças ao que estamos realizando – das marcas do passado. É no presente que aprofundamos nossas reflexões, que nos tornamos fortes, que nos preparamos para obter o melhor que a vida tem a oferecer.

A prática da meditação pode e deve ser dirigida, concentrada, como um esforço de enfocar o presente. Por um lado, calamos as vozes que nos atracam ao passado, inconformadas, como se pudessem mudar o que já aconteceu. Por outro, calamos também as imagens assustadoras que criamos para representar nosso medo do futuro. Pois ela são apenas isto: imagens. Como é o nosso medo quem as cria, não poderiam parecer acolhedoras ou bonitas. Mas elas não retratam o futuro. Garantir o futuro é resolver bem o presente.

O resto não nos cabe nem está ao nosso alcance controlar, muito menos determinar.

Muitas das tensões e dos conflitos pessoais podem ser resolvidos quando a prática da meditação permite que nos concentremos no presente. A partir disso, desenvolvemos a habilidade de selecionar os pensamentos construtivos e descartar os que só nos fazem desperdiçar o momento. Isso deve ser feito com persistência e tenacidade, porque os pensamentos prejudiciais, por força do hábito, sempre insistirão em permanecer ou em retornar.

Thich Nhat Hanh, monge budista e filósofo, ensina que a melhor maneira de saborear uma xícara de chá é nos concentrarmos inteiramente na bebida. No seu perfume, no calor que emana, no seu sabor, nas sensações que desperta na boca e na garganta. Gole a gole. E nos intervalos entre um gole e outro, contemplar a cor do chá, o vapor que desprende e seus desenhos no ar. Só no presente podemos usufruir essas dádivas. Se estivermos pensando em outra coisa, quando olharmos para a xícara de chá, ela já estará vazia e nós teremos perdido a chance maravilhosa de desfrutar um momento precioso.

Através de uma paciente, recebi de um Mestre uma mensagem bastante inspiradora:

O tempo é uma ilusão. Mesmo no mundo tridimensional o futuro é apenas um sistema de probabilidades. Por que se preocupar tanto? (...) O passado deve ser lembrado e, depois, esquecido. Deixe que ele se vá. Isso se aplica a traumas de infância e traumas de vidas passadas. Mas também se aplica a atitudes, falsas noções, sistemas de crenças que nos são impostos, a todos os velhos pensamentos. Na verdade, a todos os pensamentos. Como é possível termos uma visão nova e clara com todos esses pensamentos? E se tivéssemos de aprender algo novo a partir de uma nova perspectiva? (...) Não volte a antigos pensamentos. Pare de pensar. Em vez disso, use o seu saber intuitivo para amar novamente. Medite. Veja que tudo é interligado e interdependente. Enxergue a unidade, não as diferenças. Veja o seu verdadeiro ser. Veja Deus. (...) A meditação e a visualização o ajudarão a não pensar tanto e a iniciar a sua viagem de volta. Você ficará curado. Começará a usar a mente que não utilizava. Verá. Compreenderá. Irá tornar-se mais sábio. E então haverá paz.

A sabedoria dessas palavras parece refletir-se em um relato que me foi contado por uma pessoa que não tivera contato algum com o plano espiritual dos Mestres. Eu o ouvi numa viagem ao Brasil, da boca de um homem que, na década de 1970, era um militante político e, por conta disso, estava sendo perseguido pela polícia. Vamos chamá-lo de Eduardo. A certa altura, precisando se esconder para não ser preso, foi parar num lugar isolado, no interior, numa casa simples cercada de montanhas e de muito mato.

– Eu colocava a cadeira na beira da janela e ficava horas lá. Não havia mais nada que pudesse fazer. No começo foi um inferno. Toda hora vinha na minha cabeça o que estava acontecendo nas cidades, no país, e aquela opressão dentro de mim, de me sentir caçado, de sentir que o mundo ia se apertando em torno de mim, até fechar. Então, aos poucos, essas coisas foram parecendo distantes. Não sei quanto tempo levou. Uma semana, duas... Eu só ficava ali olhando o mato. Olhando as moitas, as árvores. E os morros. Eram tantos, pareciam um mar de morros, até perder de vista. Uma coisa enorme... E, um dia, de repente, me ocorreu o pensamento de que aquelas pessoas que estavam me perseguindo, por mais poderosas que pudessem parecer, nunca iriam me achar se eu me escondesse por trás de uma moita daquelas, lá no alto de um daqueles morros. Acho até que foi uma ideia um pouco estúpida, mas é incrível como me acalmou e me ajudou a passar os dias. Eu já gostava de botar a cadeira na janela e ficar olhando o verde. Era uma mata linda, ali na minha frente. Linda, de fato!

Eduardo desenvolveu, de forma intuitiva, a prática da meditação: foi quase hipnotizado pela paisagem à sua volta. Assim, relaxando das tensões que o oprimiam, conseguiu se conectar ao seu presente imediato, às sutilezas e encantos da natureza. Vista de uma nova perspectiva, a situação por que estava passando lhe pareceu menos ameaçadora. Se antes crescia em sua mente e reinava absoluta, a partir desse novo enfoque já era possível até pensar em resolvê-la.

Coisas como essa podem acontecer com nossos recalques, ódios, frustrações e obsessões. A prática da meditação nos propicia a possibilidade de nos ausentarmos do eu físico para, do alto, de fora, de um plano maior e banhados de luz, observarmos as aflições do dia a dia, redimensionando-as. A verdadeira cura e o verdadeiro equilíbrio dependem de nos reencontrarmos com a nossa essência espiritual.

Sem o rancor trazido de muitas e muitas brigas ao longo dos anos, poluindo a capacidade de amar entre dois seres, muitos atritos aparentemente irreversíveis podem ser resolvidos. Com uma declaração de amor, com um abraço espontâneo, sincero, dado do fundo do coração – ou da alma. Perceba como uma contrariedade corriqueira pode tornar-se monstruosa e insolúvel, se temperada com situações puxadas do passado, sem nenhuma relação com o problema. Ou observe o risco que corremos de misturar tudo, fazendo elucubrações e desenvolvendo fantasias que nos enredam e impedem a aproximação e o entendimento desejados.

Na minha viagem ao Brasil, em 1996, uma mulher me disse, angustiada:

– Sofro muito ao pensar no tratamento rígido e autoritário que dei a meu filho mais velho, quando ele era pequeno. Eu era muito jovem, imatura, e reproduzi o que minha mãe fizera comigo. Como eu gostaria de recomeçar!

Respondi-lhe:

– Ame-o agora, da forma como gostaria de ter feito quando ele era criança.

Ao voltar ao país, em 1997, encontrei-a feliz com os passos da conquista obtida. A prática da meditação a ajudara a romper com a paralisia afetiva em que a culpa a deixava, a aproximar-se daquele filho e a manifestar o amor e a atenção que trazia armazenados dentro de si.

É impressionante como coisas que nos enfurecem, que nos fazem até mesmo perder o controle, podem de repente parecer irrelevantes, sem sentido. Ou como uma luz em nosso íntimo, sem aviso, pode revelar com clareza o ponto de vista da pessoa com quem estamos em atrito, levando-nos a compreendê-la melhor. Ou a reavaliar a importância para nós de coisas de que, até então, não abriríamos mão. A empatia e a compaixão são grandes agentes de cura.

Para uma alma pequena, mesmo coisas pequenas são o fim do mundo. Para uma alma consciente de sua imensidão, as soluções vêm mais facilmente. Nada de fato é definitivo. Nada vale o sacrifício de sobrecarregar a vida de infelicidade.

Capítulo Três

DIRECIONANDO NOSSA LUZ INTERIOR

A meditação para a cura de enfermidades

A prática de muitos médicos leva-os, intuitivamente, a saber que cada pessoa possui dentro de si energias curativas que, no embate contra a doença, desempenham papel decisivo. Não estou falando de nada físico, orgânico, mas de algo que vem do espírito, de sua capacidade de captar luz e de iluminar. Como médico, fui levado a perceber e a aceitar esse fenômeno a partir de pacientes de quem tratei, alguns deles sofrendo de enfermidades gravíssimas.

Tive certa vez uma paciente chamada Frances que havia acabado de descobrir dois caroços no seio direito. Foi marcada uma cirurgia para que se procedesse à biópsia e Frances, naturalmente, encontrava-se muito ansiosa. Nessa altura, eu e Frances estávamos em nossa segunda sessão. Fizemos um trabalho de visualização curativa.

Trata-se de levar o paciente, em estado de profundo relaxamento, a visualizar luzes, como se fossem raios laser, atacando, no caso, seus nódulos, limpando o corpo, purificando órgãos, adicionando uma carga de resistência ao sistema imunológico. Espíritos-guias são convocados a ajudar no combate à doença. Cada fragmento divino do paciente concentra-se para receber e emanar a luz curativa.

Dei a Frances uma gravação com o exercício Meditação para a Cura que está no CD que acompanha este livro. Recomendei-lhe que repetisse a atividade em casa. Era uma sexta, e a cirurgia estava marcada para segunda-feira.

Quando ela chegou ao hospital, como parte dos exames preparatórios, tiraram uma última radiografia de mama. Para surpresa da equipe, ao checarem a chapa, não encontraram os caroços que estavam lá três dias antes, conforme fora detectado por minuciosos exames. Frances estava na mesa de cirurgia, tomando soro, enquanto os médicos discutiam. O cirurgião não queria acreditar no que via nas radiografias e estava disposto a operar de qualquer maneira. O radiologista, um profissional muito conceituado, insistia:

– Os caroços desapareceram!

Foi Frances quem resolveu o impasse. Levantou-se da mesa e disse:

– Não há caroço nenhum aqui. Vou para casa.

"Coisa espantosa e poderosa aquela luz branca", me escreveria Frances, em um bilhete. De fato, cada vez mais me convenço de que é possível despertarmos forças curativas, dentro de nós, que, além de muito eficientes, são absolutamente seguras, sem nenhum efeito colateral. Trata-se de uma energia de natureza espiritual e intuitiva. Talvez seja essa a verdadeira medicina holística, capaz de mobilizar o organismo, a mente e o espírito.

Ensino aos meus pacientes técnicas de meditação imensamente valiosas no cotidiano – e, até mesmo, pelo resto da vida. Tenho verificado a eficácia dessas técnicas para, por exemplo, curar a insônia, baixar a pressão arterial, perder peso, parar de fumar, fortalecer o sistema imunológico, combater infecções e doenças crônicas e reduzir o estresse.

Há um equilíbrio a ser buscado entre os diferentes fatores orgânicos. E também entre a pessoa e o seu ambiente. Há uma paz interior a ser alcançada. É isso que, a meu ver, produz a cura. Vivenciar esse estado de equilíbrio, por exemplo, nos faz passar a estranhar a ação de agentes agressivos. Por essa razão, a meditação tem auxiliado muitas pessoas a evitar o abuso de álcool, de remédios em geral – principalmente para dormir, para aliviar a tensão e a depressão – e de drogas, além de predispô-las a uma alimentação mais saudável.

Na meditação, é como se cada expiração expulsasse do corpo a tensão e os elementos nocivos, e como se cada inspiração absorvesse boas energias, dotadas de imensa beleza regeneradora. Aos poucos, cada músculo se permite gozar desse profundo bem-estar. Do nosso íntimo projetam-se luzes que dirigimos aos órgãos, às fibras, aos neurônios, às células, até preenchermos o corpo inteiro de luz. A respiração se intensifica, mais e mais profundamente, e a pessoa se deixa levar pela luz, que passa a envolver seu corpo, abrigando-o numa lindíssima aura iluminada, curando tudo, afastando a doença, fortalecendo.

Pesquisadores da Universidade Harvard descobriram que alguns tipos de meditação podem prolongar a vida dos idosos. Em seu livro *Head First: The Biology of Hope,* Norman Cousins documenta meticulosamente o trabalho empreendido na Universidade da Califórnia e em outros lugares, que embasou o desenvolvimento de uma nova área na pesquisa médica, denominada psiconeuroimunologia – a integração da mente com o sistema imunológico.

Conhecemos muito bem os efeitos da tensão e das pressões do mundo de hoje sobre o organismo das pessoas. Muitas doenças cardiovasculares são agravadas pelo estresse, pelo medo, pela exaustão – a necessidade de competir, de produzir cada vez mais, de perseguir o sucesso e o lucro, quase como condicionamentos persecutórios. Até recentemente, sabia-se que uma vida mais equilibrada é capaz de evitar o bloqueio das artérias, mas que nada podia ser feito – a não ser valendo-se de recursos cirúrgicos – para reverter a condição de quem já apresentasse um quadro de obstrução. *The Lancet*, um prestigiado periódico britânico de medicina, publicou um estudo no qual médicos pesquisadores revelam ter descoberto que uma combinação de dieta, exercícios e práticas que possibilitem a redução do estresse pode reverter bloqueios coronarianos. Nesse estudo, os médicos indicam que somente dieta e exercícios não são capazes de fazer as obstruções regredirem.

"Essa descoberta sugere que as recomendações convencionais (...) podem ser suficientes para prevenir a doença cardíaca, mas não para revertê-la", comentou o Dr. Ornish, coordenador do estudo. Portanto, a redução do estresse é um fator mais importante do que se acreditava. Ora, comprovadamente, relaxamento, visualizações e meditação podem, com segurança e eficácia, ser utilizados para eliminar estresse, tensão, medos e fobias.

Certa vez, um Mestre me transmitiu uma mensagem significativa. Dizia que, assim como escolhemos o momento de nossa reencarnação, definimos também quando uma determinada vivência física não tem mais nada a nos ensinar. Quando esse momento chega, é hora então de o espírito libertar-se outra vez. Mas, quando não é o caso, o corpo encontra meios de resistir. Onde e como ele encontra esses meios?

A química e a física do corpo podem estar – e acredito que realmente estejam – submetidas a uma espécie de regência mental e espiritual. Esse é um novo conceito para se repensar a saúde e a cura, e para se investir nas práticas liberadoras de energias curativas. Tenho certeza de que a meditação, exercida com regularidade, é um meio precioso para a recuperação e manutenção da saúde.

Capítulo Quatro

UMA PORTA PARA A DIMENSÃO ETERNA

A meditação como
iniciação e desenvolvimento espiritual

A porta para a dimensão eterna é sutil, nunca se escancara. E, geralmente, não existem placas acima dela, informando ao praticante para onde a passagem o conduzirá em determinado momento. Às vezes, um estado de profundo êxtase, de leveza, satisfação e bem-estar representa um contato com nossa dimensão mais íntima e uma tomada de consciência de nossa essência espiritual.

Essa revelação pode ocorrer sem nada de espetacular. Pode nos vir até mesmo da contemplação de algo que nos dê prazer. Pode ser intermitente, breve.

Transparece em rostos iluminados ao mesmo tempo pela alegria e pela serenidade – uma expressão que observei em muitos pacientes, quando abriam os olhos depois de uma sessão particularmente proveitosa. Ou em pessoas andando na rua – muitas vezes, crianças, jovens apaixonados, mas também todo tipo de gente. Uma expressão no rosto que nos faz pensar: "Essa pessoa está com a cabeça nas nuvens" – o que entendo como outra forma de dizer que ela está em contato com sua espiritualidade.

A experiência espiritual tem como objetivo disseminar o amor pelo mundo, pelo próximo, desenvolver o amor de cada um por si próprio, pela oportunidade de viver. Impregnado desse amor, todo ser é pleno.

As muitas maneiras de chegar a esse sentimento – ou de se deixar tocar por ele – variam, naturalmente, de acordo com a pessoa.

Minha primeira lembrança vívida de uma existência passada ocorreu não através do procedimento regular de terapia de regressão, mas por meio da meditação, durante uma sessão de shiatsu. Eu aproveitava o silêncio e a tranquilidade da sessão para meditar. De repente, fui surpreendido pela percepção de uma cena de outra época, muito antiga. Nela, eu era mais alto e mais magro. Usava uma pequena barba pontuda e me cobria com um manto colorido. Estava de pé no patamar externo de um estranho edifício, examinando plantas.

Eu era um sacerdote que havia atingido uma alta posição na hierarquia religiosa. Na juventude, fora idealista e acreditava nos valores espirituais que defendia. Mas fui me corrompendo à medida que conquistava poder e influência. Em vez de promover a elevação espiritual e a fraternidade de meu povo, só visava ao sexo e ao acúmulo de riquezas.

O prédio em que eu estava tinha uma arquitetura estranha, que nunca tinha visto. Uma palavra me veio à mente e se incrustou na memória: *zigurate*. Essa seria a pista para que eu localizasse minha visão, à noite, em casa. Procurei numa enciclopédia e descobri que zigurates eram templos da civilização mesopotâmica, com forma geométrica. Os jardins suspensos da Babilônia eram exemplos de zigurates.

Tomar conhecimento da história desse homem me fez sentir uma enorme tristeza. Tanto estudo e esforço, além de uma existência que teria representado uma maravilhosa oportunidade de aprendizado e de realizações, e tudo tinha sido jogado fora. Mas, de certa forma, experiências como essa nos transmitem sugestões sobre o significado de nossa existência presente, a explicação, ou pelo menos uma pista, de por que determinadas coisas são colocadas em nosso caminho, por que somos impelidos a elas – como se fosse uma chance de refazer nossa história espiritual.

Constatei que a maior parte dos meus pacientes é capaz de recordar vidas passadas através da terapia de regressão e muitos deles também através da meditação. Isso não acontece por acaso. A hipnose, que utilizo para iniciar a regressão, é um estado de concentração focalizada. Na verdade, quando prestamos atenção intensamente em alguma coisa, de forma que nada ao nosso redor consiga nos distrair (um livro que lemos e que nos transporta para dentro da história, por exemplo), estamos igualmente sob hipnose. Toda hipnose é, de fato, uma auto-hipnose. O terapeuta faz a sugestão, conduz o relaxamento, mas depende da própria pessoa empreender o esforço para limpar a mente e conseguir se concentrar. Algo semelhante ocorre quando alguém entra em meditação.

A prática constante da meditação nos leva a níveis cada vez mais profundos de interiorização e de concentração. E, consequentemente, à possibilidade de termos experiências espirituais. É como se nossa mente fosse uma porta para a dimensão eterna. Abrir essa porta não é questão de obter uma chave, ou de pronunciar uma palavra mágica, mas algo como a ideia que orientava os alquimistas: transformar/transformando-se.

A mente precisa ser transformada, e esse trabalho tanto exige do praticante transformar-se junto com ela, quanto lhe permite fazê-lo. A mente torna-se uma passagem, e o praticante, um indivíduo capaz de enxergar essa passagem e de transpô-la. Tudo isso leva tempo, exige disposição, requer vontade.

Em princípio, se você estiver tentando recordar vidas passadas a partir do estado meditativo, precisa se visualizar num tempo diferente. Não se preocupe se o que vê são lembranças ou produto de sua imaginação. Deixe as imagens fluírem, até que o tomem, que o transportem.

O material que surgir estará brotando do nível mais profundo da sua mente, do seu subconsciente. Não se detenha tentando analisar as imagens ou explicá-las. Permita que elas se desenvolvam naturalmente. Caso elas se sinta incorporado num dos personagens da cena, aproveite para extrair suas sensações, seu conhecimento e suas lembranças. Se a vivência o incomodar, lembre que sua mente presente pode, com um pouco de força de vontade, sair do corpo que abriga seu espírito e observá-lo do alto, ou a distância, como se estivesse assistindo a um filme.

A regressão a vidas passadas através da meditação é segura. O subconsciente sabe o que faz, por assim dizer, e não irá deixar nada prejudicial passar para a memória.

Mas a possibilidade de desenvolvimento espiritual oferecida pela meditação não se resume à regressão a vidas passadas. Muitos de meus pacientes têm experiências, por exemplo, de abandono do corpo físico durante a meditação, quando parecem flutuar acima do lugar onde estão sentados ou deitados, podendo até mesmo se observar. Essa experiência por si só já basta para que qualquer um constate e vivencie intensamente a existência de outro plano além do físico – um plano espiritual. Não existe qualquer risco, você sempre retornará em total segurança.

Trata-se de algo bastante parecido com o que relatam pessoas que passaram por experiências de quase morte. Por força de uma parada cardíaca ou alguma outra pane orgânica, o espírito chega a sair do corpo e a elevar-se, assistindo de cima, enquanto tentam ressuscitá-lo. Alguns chegam a visualizar a imensa luz, muito brilhante, que representa a passagem do espírito para outro plano – mas, como ainda não chegou a hora de realizarem essa passagem, retornam ao corpo físico.

Em minhas meditações, muitas vezes consegui receber mensagens dos Mestres. Por alguma razão, sempre considerei as mensagens mais significativas e mobilizadoras quando chegavam através de meus pacientes. Mas julgo necessário desenvolver meus próprios canais de acesso. Essa é outra experiência bastante significativa.

A intuição também não deixa de ser uma experiência espiritual que conseguimos acessar mais facilmente através da meditação. Como um Mestre me disse certa vez: "O intelecto é importante no mundo tridimensional, mas a intuição é ainda mais importante." Às vezes, o conhecimento, ou uma importante revelação, é sussurrado ao nosso espírito por uma voz interior – ou é uma sensação que se desenha. Quanto mais nos abrimos a essa voz ou sensação, mais nítida é a mensagem que ela nos transmite. Portanto, é preciso aprender a escutá-la e a confiar em suas orientações. Um Mestre também me disse: "Podemos aprender mais a respeito do amor ouvindo as nossas intuições." E, de fato, nesse e em outros campos, pensamentos, imagens e ideias costumam me ocorrer subitamente quando me encontro em relaxamento profundo ou estou meditando.

Certa vez, estava ministrando um seminário em Porto Rico para cerca de quinhentas pessoas, e dirigia uma meditação, quando um dos participantes, um psiquiatra local bastante respeitado, teve uma experiência simplesmente mágica. Com seu olho interior, percebeu o vulto de uma jovem que se aproximou dele e pediu: "Diga-lhes que estou bem. Diga a eles que Natasha está bem!"

O psiquiatra ficou constrangido, relutou muito, mas enfim narrou sua experiência ao auditório. O nome Natasha é uma raridade em Porto Rico, e o psiquiatra não conhecia ninguém com aquele nome. Mas, do fundo do auditório, uma mulher se levantou e exclamou:

– Minha filha!

A filha, que morrera subitamente seis meses antes, chamava-se Ana Natália. A mãe, e somente a mãe, a chamava de Natasha. A mulher mostrou uma foto de sua filha ao psiquiatra que, muito pálido, a reconheceu. Era a mesma figura que havia se aproximado dele durante seu transe meditativo.

Para finalizar este tópico, gostaria de enfatizar para a pessoa que pratica a meditação com o objetivo de iniciar-se ou de desenvolver sua experiência espiritual a necessidade de manter a mente aberta para qualquer coisa que possa ocorrer. Em certos casos, a experiência se manifesta por meio de inesperadas imagens ou sons – ou até mesmo cenas completas –, diante de nosso olhar psíquico, que, a princípio, fazem pouco ou nenhum sentido. Às vezes são simples sensações. Noutras, somos projetados a lembranças de vidas passadas que jamais poderíamos conceber – e até resistimos em aceitar que tenhamos existido da forma como nos vemos ali. Mas há uma razão para tudo, um significado em tudo o que se vive e se revive, para cada existência que tivemos, para a dádiva de recordar aquela existência. Há sempre em curso um plano – um projeto – superior. Ou, pelo menos, uma oportunidade que nos é oferecida para aprender.

Capítulo Cinco

UMA IMENSIDÃO
À NOSSA ESPERA

Quando disse que recomendo entusiasticamente a meditação aos meus pacientes – e aos meus leitores –, não estava recorrendo à força de expressão para impressioná-los. Apesar de haver muitas e muitas coisas que ainda não consigo explicar – e não sei se, algum dia, serei capaz de fazê-lo –, minha experiência comprova que a prática da meditação leva a pessoa ao encontro do seu "eu" mais poderoso e essencial.

É um caminho que requer persistência. Mesmo assim, nos exige menos do que as aflições que permitimos que tomem conta de nosso cotidiano. Trata-se de uma viagem solitária que nos permite compreender que, na realidade, nunca estamos sós. Justamente por isso, a prática da meditação ganha outros significados.

Não é apenas a busca da espiritualidade, do algo a ser alcançado. A espiritualidade maior está na maneira como buscamos: voltados para nosso íntimo, compreendemos que somos responsáveis por nosso aprendizado. Os únicos responsáveis. Não há outra maneira de aprender a não ser nos conhecendo, transformando nossos medos e limitações em força e alegria. Essa é a principal lição.

Nossa tarefa no plano físico é aprender. Aprender no sentido mais amplo, mais ilimitado: aprender a amar. Amar aos outros e a nós mesmos. Esse é o conhecimento que nos torna divinos.

Você é maior do que o seu corpo, maior do que a sua mente. Você é um maravilhoso ser de luz e amor, imortal e eterno. Você é maior do que seus medos, do que sua ansiedade, seus rancores e preocupações. Você é maior até mesmo do que o seu sofrimento. Você está sempre rodeado de amor, um amor que pode protegê-lo e confortá-lo. Que pode alimentá-lo e lhe oferecer realizações. E você pode visualizar o amor que o rodeia. Pode reencontrá-lo nas profundezas do seu próprio eu, na sua imensidão interior, de onde você conseguirá sempre olhar o mundo e sentir-se capaz de torná-lo um lugar mais feliz para você e para os demais.

Feche os olhos. Relaxe. Respire. Concentre-se.

Visualize-se envolto em luz, recebendo luz do mundo e, ao mesmo tempo, iluminando o mundo à sua volta. Sinta o peso despregar-se do seu corpo, como se você estivesse de fato perdendo peso e se elevando no ar. Fixe sua mente na luz, apenas na luz. Sinta-a como uma bênção. Ela é, de fato, uma bênção. E pertence a você. Vem de você e é destinada a você, desde o início dos tempos. Dentro de você há um magnífico Universo à sua espera.

Capítulo Seis

UMA PALAVRA FINAL

Ajudando a meditar

À medida que fui tomando consciência de como a prática da meditação era importante para o crescimento espiritual, a paz e a felicidade das pessoas, passei a recomendá-la a meus pacientes e aos grupos que compareciam a minhas palestras e seminários. Com muita frequência, me disseram que encontravam bastante dificuldade em se concentrar e que, se tivessem acesso a instruções e orientações, como as que dou durante as consultas e no decorrer das palestras, conseguiriam meditar com mais facilidade. Por isso, decidi gravar fitas e CDs que ajudassem no desenvolvimento desse hábito fundamental para o nosso equilíbrio físico, emocional e espiritual.

"Relaxamento Profundo" e "Meditação para a Cura", exercícios que estão presentes no CD que acompanha este livro e são transcritos nas páginas a seguir, são iguais em seu início e fim. No começo há as mesmas orientações para o relaxamento de cada parte do corpo e para a visualização da luz que penetra em todo o organismo, envolvendo-o. São etapas necessárias para aprofundar o estado de concentração e promover um desligamento das tensões que carregamos. No final, uso as mesmas palavras para que o retorno se dê suavemente. A maioria das pessoas me diz que adormece durante a meditação. Isso não tem importância e é mesmo significativo da eficácia do relaxamento obtido. De certa forma, as palavras penetram no subconsciente e produzem um efeito benéfico.

Sei que o ritmo de nossa vida e a aceleração em que vivemos muitas vezes nos dão a impressão de que não temos tempo para meditar. Chegamos em casa do trabalho, automaticamente ligamos a televisão e somos capazes de ficar diante dela, meio hipnotizados, durante um longo tempo. Quero insistir muito afetuosamente: reserve, se possível todos os dias, vinte minutos para a meditação. Você verá que, à medida que persistir e for sentindo os benefícios, essa prática se tornará cada vez mais fácil, até transformar-se numa saudável necessidade pelo bem-estar que irá lhe proporcionar. Alguns pacientes meus conseguem ter experiências ricas e significativas na primeira vez em que meditam, outros precisam praticar mais vezes. O importante é manter a regularidade para atingir níveis cada vez mais profundos de relaxamento.

Escolha um lugar tranquilo, onde não haverá interrupção. Use uma roupa confortável, sem nada que aperte. Você pode fazer essas meditações sentado em uma cadeira de espaldar reto ou deitado numa superfície firme e macia. Procure deixar a mente livre de preconceitos e aberta a todas as possibilidades. A qualquer momento, você poderá abrir os olhos e interromper o exercício. Ao final, seguindo minhas instruções, você emergirá do estado de paz em que se encontrava ou poderá cair num sono recuperador. Não existe o perigo de "não voltar". Isso nunca acontece.

Não há qualquer risco no uso adequado desse CD. Mas se você estiver em tratamento terapêutico, passando por problemas emocionais, ou se tiver alguma doença neurológica, consulte seu médico ou terapeuta e ouça o CD sob a supervisão dele.

Em hipótese alguma ouça o CD enquanto estiver dirigindo ou trabalhando com equipamentos que requeiram atenção ou concentração.

Desejo que você aproveite bastante esses exercícios e que eles ajudem a lhe trazer paz e harmonia, contribuindo para seu crescimento como pessoa e para sua felicidade.

Meditações

Introdução
*(indução ou parte comum
aos dois exercícios)*

Comece concentrando-se na sua respiração...
Sinta sua respiração suave, regular e profunda...
Uma respiração bem relaxada...
Este é o caminho para dentro de si...
A cada respiração, deixe-se ir mais fundo, mais fundo, mais e mais fundo...
Entrando num estado de relaxamento e tranquilidade...
Isto é muito saudável para sua mente e para seu corpo...
Relaxar, voltar-se para dentro, sentindo a paz...
A cada respiração você vai mais fundo, mais e mais fundo...
Relaxando e sentindo cada vez mais serenidade e paz...
Enquanto respira, relaxe todos os músculos...
Os músculos da face e do maxilar...
Os músculos do pescoço e do ombro...
Relaxando completamente...

Os músculos das costas...
Do ombro até os quadris...
E dos braços...
Os músculos da barriga...
Para que sua respiração fique profunda, regular e muito profunda...
Relaxada e serena...

E, por fim, os músculos das pernas...
Relaxando completamente todo o seu corpo...
Indo fundo, cada vez mais fundo...
Sentindo-se leve, num estado de serenidade e beleza...
Sua respiração é suave e profunda, relaxada e em paz...
Todos os seus músculos estão relaxando...
Você sente muita calma...
Deixe-se ir cada vez mais fundo...

Agora, visualize ou imagine uma linda luz entrando pelo alto de sua cabeça...
E começando a se espalhar por todo o seu corpo de cima para baixo...
Uma luz belíssima, poderosa e curativa...
Você pode escolher a cor ou as cores que quiser...
Esta luz está ligada à luz que está sobre você e à sua volta...
Uma luz divina, uma luz poderosa, uma luz curativa, porque

ela cura cada célula, cada fibra, cada tecido e cada órgão do seu corpo...

Restabelecendo a saúde de todas as suas células novamente...

Desfazendo todo o mal-estar...

Desfazendo todas as doenças...

Desfazendo todos os desconfortos...

Restabelecendo a saúde perfeita...

Esta é uma luz poderosa, porque leva a um nível muito profundo de paz e relaxamento...

Deixe-se ir cada vez mais fundo, cada vez mais...

A luz corre para baixo e preenche todas as células e tecidos do seu rosto e da sua nuca... Desce bem devagar por seu pescoço, suavizando e relaxando os músculos do pescoço...

Por sua coluna...

Por sua garganta, suavizando as cordas vocais...

E você vai cada vez mais fundo...

A luz flui pelos seus ombros...

E desce pelos seus braços...

Curando e relaxando cada músculo, cada nervo, cada fibra e cada célula do seu corpo...

E chega às suas mãos...

E você está indo cada vez mais fundo...

A luz flui para dentro do seu coração, liberando a linda energia que está armazenada nele...

Curando seu coração...
Enchendo seus pulmões, que brilham maravilhosamente na luz...
E você vai cada vez mais fundo...

Você agora se sente em paz, relaxando profundamente...
Indo cada vez mais fundo a cada respiração...
E a luz flui para suas costas...
Curando e relaxando os grandes músculos e nervos das costas...
E flui para seu estômago e para seu ventre...
Preenchendo todos os órgãos...
Preenchendo e curando...
E relaxando os nervos e músculos do ventre...
Fluindo por seus quadris e descendo por suas pernas...
Esta luz linda, curativa, calmante, profunda...
Chega a seus pés, preenchendo todo o seu corpo...
Você se sente tão em paz, relaxando serena e calmamente...
E você vai cada vez mais fundo...

Agora, você vai se concentrar na minha voz...

Deixe os outros ruídos, pensamentos ou distrações aprofundarem seu estado à medida que vão desaparecendo...

Agora, visualize ou imagine a luz envolvendo seu corpo completamente...

Por dentro e por fora, como se você estivesse dentro de uma bolha de luz...

E isto o protege...

Nada de mal pode passar pela luz, só bondade...

E ela cura sua pele...

Seus músculos...

Aprofunda seu estado cada vez mais...

Dentro de alguns instantes, vou contar de 10 a 1...

A cada número, deixe-se ir cada vez mais fundo...

Tão fundo que, quando eu contar um, sua mente não estará mais limitada pelas barreiras do espaço e do tempo...

Tão fundo, que você poderá experimentar todos os níveis e dimensões do seu ser...

Tão fundo, que você conseguirá se lembrar de tudo...

De cada experiência que já viveu...

Você conseguirá se lembrar de tudo...

10... 9... 8... indo cada vez mais fundo a cada número...

7... 6... 5... mais e mais e mais fundo...

4... 3... muito, muito fundo, tão em paz, se acalmando e relaxando...

2... quase chegando...

1... muito bom.

Neste maravilhoso estado de relaxamento e serenidade...

Imagine-se, visualize-se, descendo uma linda escadaria...

Descendo, descendo, cada vez mais para baixo...

Descendo, descendo...

A cada passo para baixo aumentando ainda mais a profundidade do seu estado...

E quando você chega ao fim da escada...

Encontra à sua frente um lindo jardim...

Um jardim cheio de flores, árvores, gramados, bancos e lugares para descansar...

Fontes de água...

Um lugar belíssimo, seguro, sereno...

E você entra nesse jardim...

Veja-se no jardim agora...

Aqui seu corpo vai poder descansar completamente e continuar a se curar...

Com esta luz maravilhosa ocupando todo o seu ser...

E indo cada vez mais fundo...

Seu corpo vai se revigorar, se renovar, rejuvenescer e se recuperar...

Continuando a se curar, inteiramente tomado por esta linda energia...

E mais tarde, quando você acordar, vai sentir um maravilhoso bem-estar...

Seu ser revigorado, renovado...

E em perfeito controle do corpo e da mente...

RELAXAMENTO PROFUNDO

Enquanto seu corpo repousa e relaxa no jardim...
E se enche desta linda energia...
Este é um tempo de cura...
De relaxamento...
Para descobrir a linda e profunda paz dentro de si...
Para livrar-se de todas as tensões... todas as ansiedades...
Para recuperar-se...

Para afastar-se do mundo e de todos os problemas...
Indo cada vez mais e mais fundo para dentro de si...
Livrando-se do medo e da tensão...
Mande embora todos os pensamentos negativos e as emoções perturbadoras...
Mande embora o medo... você não precisa temer nada...
Mande embora as tensões... as preocupações... a ansiedade...
Mande embora a raiva... as frustrações...
Mande embora a tristeza... a mágoa... o desespero...

Em vez disso, encha-se de paz... amor... alegria... e contentamento...

Este é o seu verdadeiro estado interior...

Enquanto seu corpo repousa... e se recupera... e se revigora.

Deixe que a parte mais profunda de sua mente...

Do seu espírito... também se revigore... e se cure...

E sinta a profunda paz que há dentro dele...

Você é um ser lindo, maravilhoso... imortal... eterno...

Você existe além de todos os limites, além do seu corpo e da sua mente...

Um ser de eterna paz, amor e contentamento...

Ao sentir tudo isso, continue a mandar embora o medo...

Mande embora a ansiedade... e a tristeza...

E todos os outros pensamentos negativos... e emoções perturbadoras...

Sinta apenas a paz... e vá cada vez mais fundo...

Veja cores em toda a sua volta...

Elas têm o poder de curar... e de relaxar...

Você pode sentir isso...

Você pode sentir outras pessoas a sua volta...

Você nunca está só... há sempre uma proteção...

Indo cada vez mais fundo...

O relaxamento que cura envolve todo o seu ser...

Enquanto você fica no jardim...

Você não precisa ir a lugar nenhum... não precisa fazer nada...
Ninguém pode causar-lhe qualquer problema...
Só relaxando... repousando... indo cada vez mais fundo...
Sentindo a paz... o amor... a alegria... deste estado interior...
Para recuperar-se e curar-se...
Para encher-se de luz... e amor...

Existe uma meditação muito antiga...
Que é uma meditação de amor...
Ela nos faz ficar cheios de amor...
O amor é um sentimento que pode nos fazer chorar de alegria...
Sinta esta alegria...
No amor todos os medos desaparecem... Não existe medo...

Você agora vai visualizar-se em todas as fases de sua vida...
Na infância, quando você era uma criança alegre, cheia de vida, vibrante, maravilhosa...
Nos anos de crescimento...
Até a idade atual...
E cerque-se desta luz maravilhosa...
Você em todas as idades...
Este é seu ser inteiro...
O tempo não existe...
Você está sentindo muita segurança...
A luz cerca todo o seu ser...

Traga esta luz para si... este amor...

E traga todas essas suas imagens para o seu coração...

Assim seu ser está completo e não há nada a temer...

A segurança é completa...

Agora visualize ou imagine as pessoas que você ama...

Você pode mandar-lhes luz e amor...

Cercá-las de luz...

Faça com que elas saibam quanto você as ama...

Esta luz protege e cura...

E nos liga aos seres amados...

Qualquer uma dessas pessoas que precisar da sua luz, do seu amor...

Você pode atingi-la diretamente agora...

E trazê-la para dentro do seu coração...

E agora que a luz encheu todo o seu ser...

E o envolveu e você atingiu um completo relaxamento, serenidade, calma e paz...

Imagine que uma pessoa amorosa e cheia de sabedoria vem a seu encontro no jardim...

E você pode se comunicar com ela através de palavras ou símbolos ou imagens ou pensamentos ou sentimentos...

Não importa...

Você pode fazer uma pergunta e escutar a resposta...

Você pode pedir o que precisa...

Essa pessoa pode ser um guia, um amigo, um reflexo do seu ser ou alguma outra coisa... Não importa...

Ouça o que ela diz...

Sinta a paz e o amor...

No amor não há medo, não há ansiedade, não há tempo, nem espaço...

É absoluto...

Se você se ama, deixe tudo o que é negativo...

Os pensamentos negativos, os sentimentos que maltratam, os hábitos que prejudicam...

E todos os comportamentos que não levam ao amor, ao bem-estar, à paz...

Deixe os comportamentos que prejudicam...

Porque você não precisa mais deles...

Ouça as respostas...

Sempre que precisar comunicar-se, vá até o jardim...

Se lhe der mais segurança, feche os olhos...

Para ir mais profundamente para dentro de si, respire algumas vezes profundamente...

Encha-se de luz, coloque-se no jardim e você estará lá...

Se você estiver num lugar onde não puder fechar os olhos...

Respire profundamente algumas vezes...

Imediatamente você vai sentir a paz, a serenidade, o relaxamento...

E mesmo que esteja completamente alerta...
Em pleno controle do corpo e da mente...
A paz inundará todo o seu ser... e a compreensão...
Mais calma e mais alegria...

Chegou o momento de acordar...
Você vai acordar quando eu contar de 1 a 10...
E a cada número você vai despertar um pouco mais e ficar mais alerta e em perfeito controle do corpo e da mente...
Sentindo-se maravilhosamente bem, sentindo um grande bem-estar, vigor e relaxamento... Seu ser cheio daquela energia maravilhosa...

1...2...3... acordando lentamente, sentindo-se muito bem...
4...5...6... acordando cada vez mais e sentindo-se alerta, sentindo-se muito bem...
7... 8... quase acordando...
9...10.

MEDITAÇÃO PARA A CURA

Os níveis mais profundos de sua mente vão poder se abrir...
E você vai conseguir se lembrar de tudo...
Imagine agora que neste jardim existe uma linda construção...
Que parece um templo ou um edifício grego com pilares e degraus de mármore que levam em direção a grandes portas...
E isto tudo está a sua frente...

Você pode sentir, visualizar, imaginar, não importa. Tudo serve para sua experiência...
Você começa a subir os degraus e encontra no alto da escada um ser maravilhoso, amoroso e cheio de sabedoria...
Alguém que talvez lhe pareça familiar...
Cheio de amor e sabedoria...
Você fala com este ser...
E as portas se abrem...
E você entra...

Dentro há bancos de mármore e algumas pessoas passando...
Muito sábias, muito amorosas...
Há mais fontes e jardins...
Neste lugar você pode se curar...
Imagine agora que você e essa pessoa amiga entram numa sala especial...
Lá dentro há um banco de mármore...
E você se deita nele...
Pelo teto entra a luz natural, espalhando-se pela sala...
Sobre você há cristais arrumados de maneira a dividir esta luz em cores diferentes...
E você e seu guia podem mudar os cristais de lugar...
Para que apenas a cor certa venha exatamente para o lugar do seu corpo e da sua mente que precisa de ajuda, que precisa ser curado...
Talvez seu coração precise de luz dourada, e você pode dirigir esta luz para lá...
Se o seu joelho precisar de uma luz verde que cura, arrume os cristais de maneira a dirigir a luz verde para o joelho...
Se a sua mente precisa de luz, envie o facho de luz para ela, para o seu cérebro...
Para qualquer lugar que precise da luz...
Você pode usar mais de uma cor...
Esta é uma luz brilhante, curativa, poderosa...

E enquanto você permanece assim e absorve a luz...

O seu corpo também se cura...

Enquanto você faz isto... sinta o calor e a energia da luz...

Deixe seu corpo se curar...

Você tem muito poder...

Você pode se livrar de doenças...

Você pode se curar...

Enquanto isso você pode falar com seu guia...

E se você quiser...

Pode fazer uma pergunta e esperar a resposta...

A resposta pode vir em forma de palavras, gestos, visões...

Sentimentos...

Não importa...

Pergunte...

Faça a pergunta e ouça a resposta...

Sinta a luz...

Ela é tão forte, tão poderosa, tão curativa...

Ouça as respostas...

Elas podem trazer uma ajuda...

Mantenha-se em estado profundo, deixe seu corpo absorver os raios de luz...

Deixe as doenças e o mal-estar desaparecerem...

Sinta-se ficando mais leve, mais forte...

Como se um peso fosse retirado dos seus ombros...

Se quiser, imagine uma grande tela, como uma tela de cinema, na parede dessa sala...

Nela o seu guia pode lhe mostrar imagens que estão relacionadas aos seus sintomas, sejam eles físicos ou psicológicos...

Essas imagens podem apontar caminhos, pistas para a origem da sua doença, dos seus sintomas, do seu mal-estar ou da sua dor...

Você pode olhar na tela e tudo o que se vê ali é bom para você...

Se a origem de qualquer problema estiver na sua adolescência ou na infância, ou mesmo na época atual...

Comece a mandar embora todas as emoções perturbadoras e os pensamentos negativos...

Deixe todo o medo ir embora...

Você não precisa mais disso...

Não há o que temer...

Você é imortal...

Nada pode prejudicar você...

Deixe ir embora a tristeza e a culpa...

A vergonha e o desespero...

Você também não precisa mais disso...

Esqueça a raiva e a frustração...

Elas só atrapalham...

Esqueça a preocupação, a tensão e a ansiedade...

Em vez disso, sinta as emoções positivas... sinta a paz...

Faça do seu verdadeiro eu interior a essência do seu ser...

Sinta paz e amor...
Harmonia, alegria e contentamento...
Estes são os seus verdadeiros estados interiores: paz, sabedoria, amor, alegria...

Mande embora os seus medos...
Em vez disso, sinta amor e paz...
E você estará se sentindo cada vez melhor, mais leve e com mais esperança...
A vida está cheia de alegria, de satisfação...
De novo você sente que um peso foi retirado dos seus ombros...
E você se enche de paz, alegria, amor e sabedoria...
Abandonando seus medos, tristezas, ansiedades e tensão...
Agora a cura está completa...
E você já se sente melhor...
Por dentro sente mais calma e paz, mais esperança e alegria...
Deixe seus sintomas irem embora...
Você não precisa mais deles...

Daqui a pouco será hora de voltar ao jardim....
E você e seu guia vão arrumar os cristais outra vez até que só a luz natural entre na sala...
E você vai se levantar do banco e vai sair da sala com seu guia...
Vai passar pelas fontes de água que estão perto das portas e dizer adeus por algum tempo...

Sempre que precisar fazer contato, que quiser procurar e se curar de novo...

Basta visualizar este lugar...

E encher-se de luz...

E voltar para lá outra vez...

Mas agora vamos embora

Descendo os degraus e voltando para o jardim...

No jardim, descanse um pouco

Se recuperando, rejuvenescendo...

Deixando seu corpo se curar e revigorar totalmente...

Enchendo-se com esta linda energia...

E você se sente tão em paz em total relaxamento...

Fique descansando um pouco no jardim...

Sentindo-se em paz...

Sem medos, sem ansiedade, sem preocupações...

Não precisa ir a lugar nenhum...

Não é preciso se apressar...

Não há nada que o incomode...

Apenas paz, relaxamento e serenidade...

Fique um pouco aqui...

Sentindo a paz...

Indo tão fundo quanto quiser...

Indo fundo neste estado tão bonito...

Deixe a cura se completar...

Deixe o relaxamento seguir com você enquanto permanece nesse estado...

Tão profundo por mais algum tempo...

Fique nesse estado profundo... sentindo muita paz...

Agora é hora de acordar...

Você vai despertar quando eu contar de 1 a 10...

E a cada número você vai despertar um pouco mais e ficar mais alerta...

E em perfeito controle do corpo e da mente...

Sentindo-se maravilhosamente bem...

Sentindo um grande bem-estar, vigor e relaxamento...

Seu ser cheio daquela energia maravilhosa...

1... 2... 3... acordando lentamente, sentindo-se muito bem...

4... 5... 6... acordando cada vez mais e sentindo-se alerta, sentindo-se muito bem...

7... 8... quase acordando...

9... 10.

CONHEÇA OUTROS TÍTULOS DE BRIAN WEISS

Milagres acontecem

"A riqueza deste livro está nos relatos de leitores e participantes de seminários que fiz nos últimos 23 anos. Essas histórias validam não apenas o fenômeno das regressões a vidas passadas, mas todo o universo psicoespiritual.

Você lerá sobre almas e almas gêmeas, sobre a vida após a morte, sobre o presente sendo transformado por encontros com o passado.

As histórias revelam como mente e corpo podem ser profunda e permanentemente curados. Mostram como o luto e a dor são capazes de se transformar em consolação e esperança, e como o mundo espiritual interpenetra e enriquece o plano físico.

São narrativas repletas de sabedoria, amor e conhecimento. Podem ser engraçadas ou sérias, curtas ou longas, mas são sempre instrutivas.

Este livro é uma coleção de possibilidades transformadoras. Todas as histórias oferecem um entendimento sobre a natureza mais profunda de nossa alma, nossos objetivos na Terra e nosso potencial de cura.

Os conceitos de reencarnação e de regressão a vidas passadas demonstram a realidade do nosso eu essencial, dos nossos mais altos propósitos e nos levam a experimentar mais amor e alegria e a entender que não há motivos para ter medo, pois somos todos imortais. *Nós todos somos almas.*"

Muitas vidas, muitos mestres

Como terapeuta tradicional, o Dr. Brian Weiss ficou surpreso e incrédulo quando uma de suas pacientes começou a se lembrar de traumas sofridos em vidas passadas e que pareciam ser a chave para suas fobias e suas crises de ansiedade.

Seu ceticismo, porém, veio abaixo quando ela passou a canalizar mensagens do "espaço entre vidas", trazendo notáveis revelações sobre a vida pessoal do Dr. Weiss. Usando a terapia de vidas passadas, ele foi capaz de curá-la e ingressar numa nova e mais significativa fase de sua própria carreira.

Esta fantástica jornada vivida por Catherine e pelo Dr. Weiss, contada com imensa sensibilidade nesse livro, é uma experiência que eles continuam a partilhar com o mundo. Nas palavras do próprio autor: "As respostas já estão dadas. Somos imortais. Vamos sempre estar juntos."

Só o amor é real

Elizabeth é uma mulher que inicia uma terapia de regressão por conta de muitos relacionamentos fracassados. Com a ajuda do Dr. Weiss, penetra em suas vidas anteriores e começa a entender seu presente. Simultaneamente, outro paciente, um rapaz chamado Pedro, busca na terapia de regressão as respostas para seu sofrimento.

Estranhos um ao outro no presente, Pedro e Elizabeth começam a descrever, durante as sessões de regressão, os mesmos fatos com incrível coincidência de detalhes e demonstram experimentar as mesmas emoções. Intrigado, Dr. Weiss passa a investigar a relação dos dois em vidas passadas e acaba deparando com a seguinte pergunta: teriam sido eles um casal apaixonado?

A resposta a essas perguntas é uma história fascinante e enternecedora, para a qual nem o psiquiatra nem seus pacientes estavam preparados, mas que invadiu seus cotidianos e os transformou para sempre.

A divina sabedoria dos mestres

Neste livro, Dr. Brian Weiss descreve a sabedoria espiritual e nossa jornada desde antes do nascimento até a morte e depois dela. O que pode nos ajudar e o que pode nos atrapalhar. O que pode nos abrir portas e o que pode fechá-las. O que ele aprendeu em seus reencontros com os Mestres.

O maior objetivo de nossas vidas é atingir o conhecimento íntimo de que somos almas imortais, trazidas a esta grande escola chamada Terra para aprender lições sobre amor, compaixão, paciência, equilíbrio e harmonia, não violência, fé e confiança, relações amorosas e assim por diante. O aprendizado dessas lições é a única esperança para a humanidade.

Essa não é uma tarefa fácil. Tornar-se iluminado e feliz requer um trabalho árduo. A compreensão plena é um processo contínuo e gradual, uma corrente, um fluxo que não se interrompe mesmo com a morte do corpo físico.

No entanto, se você ler este livro com cuidado, com a mente aberta e com generosidade no coração, estará caminhando na direção da verdade e do amor.

CONHEÇA OUTROS TÍTULOS DA EDITORA SEXTANTE

Atenção plena
MARK WILLIAMS E DANNY PENMAN

Com 200 mil exemplares vendidos, esse livro e o CD de meditações que o acompanha apresentam uma série de práticas simples para expandir sua consciência e quebrar o ciclo de ansiedade, estresse, infelicidade e exaustão.

Recomendado pelo Instituto Nacional de Excelência Clínica do Reino Unido, este método ajuda a trazer alegria e tranquilidade para sua vida, permitindo que você enfrente seus desafios com uma coragem renovada.

Mais do que uma técnica de meditação, a atenção plena (ou *mindfulness*) é um estilo de vida que consiste em estar aberto à experiência presente, observando seus pensamentos sem julgamentos, críticas ou elucubrações.

Ao tomar consciência daquilo que sente, você se torna capaz de identificar sentimentos nocivos antes que eles ganhem força e desencadeiem um fluxo de emoções negativas – que é o que faz você se sentir estressado, irritado e frustrado.

Esse livro apresenta um curso de oito semanas com exercícios e meditações diárias que vão ajudá-lo a se libertar das pressões cotidianas, a se tornar mais compassivo consigo mesmo e a lidar com as dificuldades de forma mais tranquila e ponderada.

Você descobrirá que a sensação de calma, liberdade e contentamento que tanto procura está sempre à sua disposição – a apenas uma respiração de distância.

A arte da meditação
Daniel Goleman

Aprenda a tranquilizar a mente, relaxar o corpo e desenvolver o poder de concentração ouvindo o CD com quatro tradicionais técnicas de meditação ensinadas por Daniel Goleman, autor de *Inteligência Emocional*.

"O principal objetivo da meditação é proporcionar ao corpo um repouso profundo, enquanto a mente se mantém alerta. Isso faz baixar a pressão sanguínea e diminuir o ritmo do coração, ajudando o corpo a se recuperar do estresse.

Talvez o efeito mais importante da meditação seja a paz interior, um refúgio onde você pode escapar da turbulência do dia a dia. O hábito de meditar diariamente vai lhe ajudar a se desligar do estresse e trará calma e energia para você enfrentar melhor os desafios que vêm pela frente.

Há vários tipos de meditação e você vai aprender quatro deles no CD que acompanha esse livro. Experimente cada um durante algumas semanas até descobrir qual prefere. Escolha aquele ou aqueles com que você se sentir melhor e use-os cada vez que meditar."

INFORMAÇÕES SOBRE A SEXTANTE

Para saber mais sobre os títulos e autores
da EDITORA SEXTANTE,
visite o site www.sextante.com.br
e curta as nossas redes sociais.
Além de informações sobre os próximos lançamentos,
você terá acesso a conteúdos exclusivos
e poderá participar de promoções e sorteios.

www.sextante.com.br

facebook.com/esextante

twitter.com/sextante

instagram.com/editorasextante

skoob.com.br/sextante

Se quiser receber informações por e-mail,
basta se cadastrar diretamente no nosso site
ou enviar uma mensagem para
atendimento@sextante.com.br

Editora Sextante
Rua Voluntários da Pátria, 45 / 1.404 – Botafogo
Rio de Janeiro – RJ – 22270-000 – Brasil
Telefone: (21) 2538-4100 – Fax: (21) 2286-9244
E-mail: atendimento@sextante.com.br